CARMEN OLIVER   LUISA URIBE

LA ORQUESTA DE LA ESPERANZA

CÓMO FAVIO CHÁVEZ ENSEÑÓ A LOS NIÑOS
A CREAR MÚSICA RECICLANDO BASURA

Traducido por Lawrence Schimel

JUVENTUD

De niño, Favio cantaba en el coro y tocaba la guitarra. La música fue lo primero que le apasionó. Pero años más tarde, después de estudiar ciencias ambientales, su interés tomó otro rumbo: se encaminó hacia Cateura —un pequeño pueblo de Paraguay construido sobre un vertedero—, para intentar ayudar a las familias que vivían y trabajaban entre las montañas de basura.

Allí, todos los días supervisaba los residuos que volcaban los camiones de basura. La basura pesaba más que una manada de elefantes: ¡1500 toneladas!

El vidrio percutía con estrépito, el metal retumbaba, las bolsas de plástico crujían. Los recicladores, llamados gancheros, llenaban sus bolsas hasta arriba. Sobrevivían recogiendo y vendiendo cosas que encontraban en la basura. Respiraban un mar de hedor. Caminaban entre la porquería. "No es un lugar donde se supone que tengan que vivir las personas", se dijo Favio.

Pero sí, allí vivían las personas.

Era un trabajo agotador manejar las azadas hechas a mano durante todo el día. Los gancheros rompían las bolsas, rebuscando cosas que pudieran vender. Cobraban cinco centavos de dólar por una libra de cartón. Dos centavos de dólar por una libra de plástico.

Favio trabajaba junto a los gancheros y se hizo amigo de ellos y de sus hijos. Le preocupaba el futuro de los niños. ¿Terminarían trabajando en el vertedero como sus padres?

Después de trabajar durante todo el día en el vertedero, Favio dirigía también una orquesta juvenil en un pueblo cercano. Un día, sus amigos gancheros fueron a verlo.

La música cautivó sus corazones.

¿Podría enseñar a sus hijos a tocar algún instrumento?

Favio contestó que sería un honor enseñarles.

Favio llevó sus guitarras y violines al vertedero.

Durante las lecciones, los niños se sentaban en cajas y barriles.

Pronto, Favio se encontró con un gran problema.

Tenía más niños que instrumentos.
¿Qué podía hacer?

Favio no quería rechazar a ningún niño.
Pero los instrumentos eran caros.
Un violín costaba más que una casa en Cateura. Podría recaudar dinero para comprar instrumentos para los niños, pero eso presentaba otro problema.

Un problema mucho más grave.

La mayoría de las casas en Cateura estaban construidas con metal y madera reciclados del vertedero. Muchas no tenían ni sistema de fontanería ni electricidad.

Los ríos alrededor de Cateura estaban contaminados. La gente se movía a pie. O en bicicleta. Solo unos pocos tenían motocicletas o automóviles.

Tener instrumentos caros en sus casas atraería a los ladrones y pondría en peligro a las familias.

No, Favio no podía arriesgarse a eso.
Tenía que encontrar una solución mejor.

Pero ¿cuál?

Un día, en el vertedero, Favio observaba a su amigo ganchero Nicolás *Colá* Gómez recogiendo basura.

Colá era un carpintero ingenioso, y eso a Favio le dio una idea.

Le contó a Colá su plan.

Luego vio a Colá escudriñando los montones de desechos en busca de cualquier cosa que le sirviera para construir instrumentos.

Colá recogía bandejas de horno, viejas tuberías, llaves de puertas, tenedores y cucharas de metal, radiografías, tapones de botellas, botes de pintura, cajones de madera y barriles de aceite. Todos los días, llevaba sus tesoros a casa, a su taller de carpintería.

Favio le pidió a Colá que construyera un violín. Colá tomó prestado el violín de Favio para tener las medidas exactas. En la mente de Colá se formó una imagen, y empezó a trabajar.

Colá construyó su primer violín.
El cuerpo fue cortado de un bote de pegamento industrial de metal cubierto con palabras en portugués y símbolos.
Un tenedor de metal y llaves de puertas mantenían las cuerdas en su lugar. El arco fue hecho con madera reciclada.
Favio y Colá sonrieron. Era muy bonito.
Pero ¿cómo sonaría?

No era perfecto. Pero era un maravilloso primer intento.

Favio enseñó a los niños a tocar música en su nuevo instrumento.

Les enseñó a sostener el arco en el ángulo correcto.

Les enseñó a sostener el violín debajo de la barbilla.

Les enseñó a leer las notas musicales.

"Cometerán errores —les dijo—. Pero no hay por qué preocuparse".

Después del ensayo, Favio pidió a Colá un par de favores más.

A lo largo de varios años, Colá construyó un tambor con bases de radiografías, hizo una viola con una lata de pintura; flautas y saxofones con tuberías; un chelo con un barril de aceite; y una trompeta que utilizaba monedas sin valor como tapas de las válvulas.

Por fin, Favio tenía instrumentos suficientes para cada niño que quería aprender a hacer música. ¡Y qué música tocaban!

En un patio desocupado de la escuela, Favio enseñó a treinta niños a tocar sus instrumentos reciclados y a leer música. Fue un gran logro, porque muchos de los niños ni siquiera sabían leer palabras.

Durante la temporada de lluvias, se metían
en las aulas vacías, y Favio dirigía.
Practicaban y practicaban y practicaban.
Por fin, llegó el momento de actuar para sus padres,
que nunca habían oído a los niños tocar.

Una iglesia cercana sirvió
como gran escenario.

Temprano por la mañana, los niños
barrieron el suelo de tierra.

Llevaron sillas.

Tuvieron un ensayo general informal.
Luego regresaron a casas para cambiarse,
y volvieron con sus mejores ropas.

Los padres llenaron aquel modesto lugar de culto. Las notas de "New York, New York" se elevaron y salieron por las ventanas para llenar el aire cálido de la noche.

Los padres lloraron de felicidad.
Ellos y sus hijos solo se habían preocupado por sobrevivir hasta el día siguiente... Pero ahora en sus corazones había esperanza y sueños de un futuro mejor.

"El mundo nos envía basura —dijo Favio—. Nosotros le devolvemos música".

MÁS SOBRE FAVIO CHÁVEZ Y LA ORQUESTA RECICLADA DE CATEURA

Cateura Paraguay

Escondido en el centro de América del Sur se encuentra Paraguay. Comparte fronteras con Bolivia, Brasil y Argentina. En la capital de Paraguay, Asunción, viven unos tres millones de personas. Cada día, salen camiones de Asunción y viajan durante siete millas por caminos de tierra para arrojar 1500 toneladas de basura en el vertedero de Cateura. El pueblito de Cateura está construido en una zona de inundaciones alrededor de esa montaña de basura.

De sol a sol, hay pájaros graznando y gancheros sudorosos hurgando entre la basura bajo el calor sofocante. Mientras los gancheros trabajan, los niños demasiado pequeños para ir a la escuela juegan en columpios caseros de cables de plástico atados a los árboles. Cuando termina la escuela, sus hermanos mayores se unen a ellos para buscar tesoros entre las montañas de escombros. Encuentran de todo, desde joyas de oro hasta discos de vinilo y carteles de Coca-Cola. Cateura es una ciudad propicia para los sueños. Propicia para la esperanza. Como dice Favio: "Nunca debemos dejar de soñar".

Quiero ser parte de ello

Favio Hernán Chávez Morán nació en Buenos Aires, Argentina, el 5 de diciembre de 1975. Cuando era muy pequeño, él y su familia se mudaron a Carapeguá, Paraguay. Allí, Favio asistió a la escuela, cantó en el coro de la iglesia y aprendió a tocar la guitarra. Al graduarse de la escuela secundaria en 1993, estudió Ingeniería Ambiental en la Universidad Nacional de Asunción. También desarrolló sus estudios musicales en el Instituto Municipal de Arte de Asunción.

En 2006, Favio llegó al vertedero de Cateura para trabajar en un proyecto de reciclaje. Su trabajo era educar a la gente de allí sobre las mejores formas de recoger y clasificar la basura. Cuando no estaba supervisando a los gancheros, estaba enseñando a sus hijos a tocar música. Pronto tuvo más niños que instrumentos. A Favio se le ocurrió que se podrían hacer más instrumentos con la basura. Pidió a Colá, un ganchero que también era un carpintero muy hábil, que construyera el primer violín. "Lo que me llamó la atención desde el principio es que ese hombre [Colá] nunca pensó en el beneficio económico", comentó Favio más tarde. Con el ingenio de Colá, crearon una orquesta entera de instrumentos construidos con basura. Favio la llamó Orquesta de Instrumentos Reciclados de Cateura.

En 2009, Alejandra Amarilla Nash, una paraguaya nacida en Asunción, oyó hablar de la orquesta. Ella soñaba con ayudar a su tierra natal a través de la creatividad, así que, junto con su equipo, decidió producir el documental *Landfill Harmonic*, protagonizado por algunos de los niños músicos y Favio, el director y corazón de la orquesta.

Comienza a correr la noticia

En cuanto el tráiler del documental apareció en Internet, comenzaron a llegar ofertas de todo el mundo para que la orquesta actuara. En 2012, Favio se encontró ayudando a sus músicos jóvenes a comprar camisetas y maletas, y a conseguir los documentos oficiales para viajar a su primer concierto internacional en Río de Janeiro, Brasil. Para la mayoría de los niños, esa era la primera vez que iban en avión o se alojaban en un hotel o incluso que veían el océano. Favio los animaba a ayudarse, no solo para aprender música sino también siendo buenos amigos. Tenían que pensar como un equipo, no como individuos.

Hoy en día, la orquesta ha tocado en muchos países, incluyendo Argentina, Canadá, España, Brasil, Japón y EEUU ¡Han tocado con grupos de rock como Megadeth y Metallica, y también han deleitado a dignatarios como la reina Sofía de España y el papa Francisco!

Little Town Blues (Blues de la pequeña aldea)

En 2014, tras días de intensa lluvia, el río Paraguay se desbordó e inundó Cateura. Las familias lo perdieron todo y tuvieron que abandonar sus casas, mudándose a unas estructuras improvisadas de madera contrachapada y plástico en campos de refugiados. A unas millas de distancia, en Asunción, Favio trabajó incansablemente para encontrar hogares temporales para los niños y sus familias. Para evitar vivir en las inseguras calles de Cateura, muchos se quedaron en la escuela de música en Asunción, donde Favio enseñó a los estudiantes. Por fin, dos meses y medio más tarde, las aguas se retiraron permitiendo que algunas familias pudieran volver a sus casas y comenzar a reconstruirlas.

En 2017, los músicos de la orquesta y sus familias que habían sido afectados por la inundación se mudaron a casas nuevas en Bañado Sur, Asunción. Estas viviendas habían sido construidas en un proyecto conjunto entre la Orquesta de Instrumentos Reciclados de Cateura y Hábitat para la Humanidad, Paraguay. Ahora, hay planes en marcha para construir más viviendas para las familias de la orquesta. El dinero provenía de donaciones y de dinero ganado en los conciertos.

Empezar de nuevo

En abril de 2018, la Orquesta de Instrumentos Reciclados de Cateura participó en un concierto benéfico en España y recaudó dinero para ayudar a construir un centro de salud comunitario en Bañado Sur. La orquesta también ha trabajado para llevar más arte y cultura a la zona, revistiendo paredes de edificios con mosaicos. Durante la pandemia de la COVID-19, la orquesta apoyó a las familias con comida, ayuda y equipos informáticos para que los niños pudieran concentrarse en sus tareas escolares.

Hoy en día, la Orquesta de Instrumentos Reciclados de Cateura sigue adelante con becas y muchas acciones humanitarias. Trabajan para tender puentes entre los diferentes mundos y mejorar la vida de aquellos que viven, respiran y hacen música en Paraguay. Como dice Favio: "La música es el puente".

BIBLIOGRAFÍA SELECTA

Primera persona

Chávez, Favio. Correspondencia por correo electrónico con Carmen Oliver. De 2021 hasta el presente.

Páginas web

Orquesta de Reciclados de Cateura. 2014. recycledorchestracateura.com.

Landfill Harmonic. Meetai Films, et al., 2022. landfillharmonicmovie.com.

Videos

Chávez, Favio, "The World Sends Us Garbage, We Send Back Music: Favio Chávez at TEDxAmsterdam." Video YouTube. Nov. 8, 2013. https://www.youtube.com/watch?v=CsfOvJEdurk&t=87s.

Orquesta de Instrumentos Reciclados de Cateura | Concierto en Madrid. Video YouTube. 4 de enero de 2016. https://youtu.be/U29x-NhsIh4?feature=shared

Artículos (en inglés):

Bunn, Susan Drennan Gabriel. "Musician Hero: Favio Chávez." My Hero, January 6, 2017. https://myhero.com/Favio_Chavez_2013.

Crasta, Ranjan. "This Orchestra From the Slums Turns Hopelessness to Harmony." CatchNews, Sept. 22, 2016. http://www.catchnews.com/life-society-news/this-orchestra-from-the-slums-turns-hopelessness-toharmony-1474486079.html.

Greer, Carlos. "Favio Chávez Helps Children Make Music—Out of Trash." People, May 9, 2013. https://people.com/human-interest/musicians-brings-hope-to-kids-living-in-slums-in-paraguay/.

Horton, Robin Plaskoff. "Youth Orchestra's Instruments All Made From Recycled Landfill Trash." Urban Gardens, July 22, 2013. https://www.urbangardensweb.com/2013/07/22/youth-orchestras-instrumentsall-made-from-recycled-landfill-trash/.

Laksman, Mariela. "From Garbage to Great Music." Orato World Media, April 6, 2021. https://orato.world/2021/04/06/from-garbage-to-great-music/.

Mashurova, Nina. "Landfill Harmonic: A Story of Creativity, Hope, and Endurance." Matador Network, December 12, 2012. https://matadornetwork.com/change/landfill-harmonic-a-story-of-creativity-hopeand-endurance-interview/.

Ramdane, Ines. "From Trash to Tchaikovsky." USA Today, June 25, 2015. https://www.usatoday.com/story/news/world/2015/06/25/impact-journalism-day-from-trash-to-tchaikovsky/29287107/.

Tsioulcas, Anastasia. "The Landfill Harmonic: An Orchestra Built From Trash" NPR, December 19, 2012. http://www.npr.org/blogs/deceptivecadence/2012/12/19/167539764/the-landfill-harmonic-anorchestra-built-from-trash.

Para Marjorie y el Festival de Literatura Infantil Charlotte S. Huck: gracias por crear una cultura llena de historias, donde los creadores y educadores de libros infantiles pueden prosperar.

Y para Favio, la Orquesta de Instrumentos Reciclados de Cateura, y sus familias: gracias por permitirnos ser una pequeña parte de su viaje musical y legado de esperanza.

— C. O.

Para Ana María y Bernardo, con cariño.

— L. U.

Título original: BUILDING AN ORCHESTRA OF HOPE
Texto © Carmen Oliver, 2022
Ilustraciones © Luisa Uribe, 2022

Publicado originalmente por Eerdmans Books for Young Readers, un sello de Wm. B. Eerdmans Publishing Co.

Ilustraciones creadas digitalmente

Traducción: Lawrence Schimel

© de la traducción española:
EDITORIAL JUVENTUD, S. A., 2023

Provença, 101 - 08029 Barcelona
info@editorialjuventud.es
www.editorialjuventud.es

Primera edición, octubre de 2023

ISBN 978-84-261-4857-5
DL B 16710-2023
Núm. de edición de E. J.: 14.282
Impreso en España - *Printed in Spain*
Impreso por Gráficas 94

Cualquier forma de reproducción, distribución, comunicación pública o transformación de esta obra solo puede ser realizada con la autorización de sus titulares, salvo excepción prevista por la ley. Diríjase a CEDRO (www.conlicencia.com) si necesita fotocopiar o escanear algún fragmento de esta obra.

Edición impresa en papel ecológico cuyo proceso de fabricación cumple con todas las normativas medioambientales.

Queremos agradecerle a Favio Chávez sus comentarios sobre esta historia y por otorgarnos permiso para el uso de su nombre y el de la Orquesta de Instrumentos Reciclados.

Aquellos que deseen obtener más información o hacer donaciones a la orquesta pueden ponerse en contacto con la Asociación de Padres de la Orquesta de Instrumentos Reciclados de Cateura.

www.facebook.com/asopadresorquestacateura/
www.instagram.com/aso_padres_cateura/